BEI GRIN MACHT SICH IHR WISSEN BEZAHLT

- Wir veröffentlichen Ihre Hausarbeit,
  Bachelor- und Masterarbeit

- Ihr eigenes eBook und Buch -
  weltweit in allen wichtigen Shops

- Verdienen Sie an jedem Verkauf

Jetzt bei www.GRIN.com hochladen
und kostenlos publizieren

GRIN ☺

David Jugel

Jean-Jacques Rousseau - Widerspruch oder Stringenz?

Eine Diskussion zum Verständnis Jean-Jacques Rousseaus

GRIN Verlag

Bibliografische Information der Deutschen Nationalbibliothek:

Die Deutsche Bibliothek verzeichnet diese Publikation in der Deutschen National-
bibliografie; detaillierte bibliografische Daten sind im Internet über http://dnb.d-
nb.de/ abrufbar.

Impressum:

Copyright © 2010 GRIN Verlag, Open Publishing GmbH
Druck und Bindung: Books on Demand GmbH, Norderstedt Germany
ISBN: 978-3-640-82415-1

Dieses Buch bei GRIN:

http://www.grin.com/de/e-book/166111/jean-jacques-rousseau-widerspruch-oder-
stringenz

GRIN - Your knowledge has value

Der GRIN Verlag publiziert seit 1998 wissenschaftliche Arbeiten von Studenten, Hochschullehrern und anderen Akademikern als eBook und gedrucktes Buch. Die Verlagswebsite www.grin.com ist die ideale Plattform zur Veröffentlichung von Hausarbeiten, Abschlussarbeiten, wissenschaftlichen Aufsätzen, Dissertationen und Fachbüchern.

Besuchen Sie uns im Internet:

http://www.grin.com/

http://www.facebook.com/grincom

http://www.twitter.com/grin_com

TECHNISCHE
UNIVERSITÄT
DRESDEN

Philosophische Fakultät
Institut für Politikwissenschaft

Seminar: **Einführung in das Studium der politischen Theorie**

Wintersemester 2009/2010

Seminararbeit zum Thema:

„Widerspruch oder Stringenz?"

- Eine Diskussion zum Verständnis Jean-Jacques Rousseaus -

Vorgelegt von: **David Jugel**

Studiengang: Lehramtsbezogener Bachelor-Studiengang
für Allgemeinbildende Schulen
Geschichte
Gemeinschaftskunde/Rechtserziehung/Wirtschaft
3. Fachsemester

Datum: 15.03.2010

Inhalt

1. Einführung

Im Jahre 1946 schreibt Victor Klemperer: *„Indem Rousseau als Genfer Bürger schreibt, also die Verhältnisse eines Stadtstaates vor Augen hat, ist es seiner Phantasie fast etwas zwangsläufig Selbstverständliches, der Politik antike Formen zu geben, sie in städtischen Grenzen zu halten. [...] Es war die Große Idee Sowjetrusslands [...] die raumbegrenzte Methode der Alten und Rousseaus ins Unbegrenzte auszudehnen"* (Klemperer 2004: 56). Neben der Patenschaft für Sowjetrussland unterstellt Klemperer dem Nationalsozialismus auch die theoretische Verwandtschaft mit den Theorien Jean-Jacques Rousseaus (Vgl. ebd.: 65, 72). Gleichwohl ist Rousseau aber auch Exponent der Idee der Aufklärung und der Vernunft (Vgl. Imboden: 5).

Dieser Zwiespalt in der Interpretation Rousseaus soll Gegenstand der vorliegenden Arbeit sein. Sie verfolgt dabei die Frage, inwiefern Rousseau als Gedankengeber totalitärer Ausprägungen oder als Vordenker des liberalen Verfassungsstaates gewertet werden kann.

Dazu werden zunächst die Zusammenhänge von Rousseaus Menschenbild und seiner Kritik an der Gesellschaft nachgezeichnet, um anschließend sein politisch einflussreichstes Werk, den *contrat social* darzustellen. Dabei wird genaues Augenmerk auf die kontraktualistische Dimension und auf die *volonté générale* gelegt, da im Anschluss zwei Autoren, die jeweils aus einer der beiden Dimensionen ihre Position zu Rousseau beziehen, gegenübergestellt werden.

Ersterer ist Ernst Fraenkel, der Rousseau Antipluralismus nachweist und somit als Paten totalitärer Demokratievorstellungen herausstellt. Andreas Edmüller hingegen hebt auf den kontraktualistischen Ansatz bei Rousseau ab und ersucht eine Relativierung des Absolutheitsanspruches, der dessen Theorie oft vorgeworfen wurde. Abschließend soll geklärt werden, welche Dimension tatsächlich die andere überlagert, ob sich die Thesen Fraenkels oder Edmüllers halten lassen und welche Konsequenzen daraus zu ziehen sind.

Die Argumente der vorliegenden Arbeit fußen - neben den Aufsätzen der genannten Autoren - auf einem breiten Spektrum von Fachliteratur, Vorträgen und Fachzeitschriften. Besonders sind dabei die Werke „Jean-Jacques Rousseau" von Dieter Sturma, „Rousseaus politische Philosophie" von Iring Fetscher und Maximilian Forschners „Rousseau" hervorzuheben, da diese umfangreich belegt und zugleich in ihrer Detailtreue, sowie Perspektivenvielfalt die faktische Argumentationsgrundlage dieser Arbeit bilden.

In ihrer Gesamtheit fordert die vorliegende Arbeit im qualitativen und quantitativen Rahmen der Vorgaben nicht, als wissenschaftliche Neuerkenntnis zu gelten, ferner erhebt sie jedoch den Anspruch auf Eigenständigkeit in ihrer Argumentationsstruktur, sowie den daraus gezogenen Schlussfolgerungen.

2. Die Spannung zwischen Sein und Ursprung – Rousseaus Menschen- und Weltbild

Der Versuch Rousseaus politische Philosophie zu durchdringen, führt unweigerlich zur Erörterung der Rousseauschen Vorstellung vom Wesen der Menschen, sowie der Welt, in der jene handeln.

Der Mensch ist für Rousseau weder gut noch schlecht. Dies zeigt sich an seiner Feststellung, dass Handlungen oder Eigenschaften, welche in einer Region oder einem Kulturraum in einer bestimmten Weise beurteilt werden, in einer anderen Region ganz anders beurteilt werden können (Vgl. Sturma 2001: 77). Eine solche Multikulturalität führt Rousseau auf die kulturdifferente Sozialisation zurück: *„...doch um den Menschen zu erforschen, muß man lernen, seinen Blick in die Ferne zu richten, man muß erst die Unterschiede betrachten, um die Eigenheiten zu entdecken"* (Rousseau zit. N. Sturma 2001: 79). Folgt man diesem Ansatz und löst die kulturellen Differenzen, die sich aus der Sozialisation ergeben, vom Wesen der verschieden kultivierten Menschen ab, dann erhält man das universale des Menschlichen. Dieses universale Wesen nennt Rousseau den natürlichen Menschen *(l'homme naturel),* welcher durch Selbstliebe *(l'amour de soi)* und der Fähigkeit zum Mitleid *(la pitié)* charakterisiert ist. (Vgl. Forschner 1977: 31ff). Dieser natürliche Mensch, der letztlich nur als Konstrukt dient, lebt fast wie ein Tier *(l'homme sauvage)* und der Unterschied zu diesem ist nach Rousseau nur marginal; bestehe darin, dass der Mensch in der Lage ist, Triebe und Instinkte, welche er genau wie das Tier besitzt, bewusst als seine eigene Natur wahrzunehmen. Diese Fähigkeit zum Selbst-Bewusstsein nennt er die Freiheit des natürlichen Menschen (Vgl. Forschner 1977: 30). Neben dieser Freiheit seines Selbst hat jener im Naturzustand eine absolute Handlungsfreiheit: *„Er will das, was er will"* (Nitschke 2000: 84). Diese Freiheit ist das oberste Kriterium, das den Menschen auszeichnet und macht ihn in seiner natürlichen Form zum Maßstab des Guten.

Da dieser Mensch bedingt durch seine beschränkten physischen Mittel nur die *„Wahl zwischen Flucht oder Kampf hat"* (Rousseau 1993: 66), behilft er sich zum Überleben seiner Vernunft. Folglich kann man festhalten, dass Vernunft nach Rousseau aus der *amour de soi* resultiert. Kann man diesen Trieb zur Selbsterhaltung gleichsam Tier und Mensch zuschreiben, so hält Rousseau die Eigenschaft, nach Vollkommenheit zu streben *(la perfectibilité),* gänzlich für menschlich und als ein Produkt der *amour de soi* und der Begabung der Vernunft (Vgl. Sturma 2001: 81f). Zugleich ist letztere Eigenschaft dafür verantwortlich, dass der Mensch in seinem Streben nach Vollkommenheit beginnt, sich selbst einzuschränken, indem er künstliche Ordnungen erschafft, welche anfangs durch Kooperation und später auch durch Bildung von Eigentum entstehen: *„Der erste, welcher ein Stück Landes umzäunte, sich in den Sinn kommen ließ zu sagen: dieses ist mein, und einfältige Leute antraf, die es ihm glaubten, der war der wahre Stifter der bürgerlichen Gesellschaft"* (Rousseau zit. n. Braun 2008: 232). In dieser bürgerlichen Gesellschaft, so Rousseau, endet die Freiheit in der Abhängigkeit der Menschen untereinander. Dieser Schritt symbolisiert den Übergang des *homme naturel* zum *homme artificiel*, dem künstlichen Menschen, den Übergang vom Naturzustand in den Kulturzustand (Vgl. Fetscher 1966: 17ff). Dabei führte die allgemeine Akzeptanz dieser Abhängigkeiten zu sozialen Unterschieden und zu Herrschaftsverhältnissen, die *„...auf der einen Seite Eitelkeit und Verachtung"* und *„...auf der anderen Seite Scham und Neid"* (Rousseau zit. n. Sturma 2001: 63) hervorriefen. Aus Neid, Missgunst und Hass resultiere Selbstsucht und es kommt zum Wandel der Selbstliebe, der *amour de soi* zur *amour propre*, zur Eigenliebe, dem Willen zur Macht, dem *„Sich-in-den-Mittelpunkt-Stellen und das An-der-Spitze-Stehen-Wollen"*(Fetscher 1960: 56). Neben dieser gefährlichen Asymmetrie im Anerkennungsverhältnis sozialer Unterschiede, der gesetzlichen Legitimation von Unterdrücker und Unterdrücktem, ist der Mensch nun unfrei: er kann nicht mehr, was er will und befindet sich im Gegensatz zu seiner eigenen Natur.

Rousseau hebt also mit der Konstruktion des natürlichen Menschen, der den Naturzustand verlässt, darauf ab, dass die menschliche Kulturgeschichte einen Verfall darstelle, die Missstände des 18. Jahrhunderts Folge der Entfremdung des künstlichen Menschen von seiner eigenen Natur und der Spannung zwischen Wollen und Können sei. Leicht ließe sich aus Rousseaus Idealisierung des Naturzustandes ein Postulat ableiten, welches auf den Rückgang in den Naturzustand abzielte. Jedoch ist er sich bewusst, dass kultureller Rückgang niemals möglich sei (Vgl. Sturma 2001: 83). Stattdessen versucht Rousseau eine Alternative aufzuzeigen, die fähig ist, den Ausgleich zwischen dem Bedürfnis (dem Wollen) und der Möglichkeit (dem Können) zu schaffen: den contrat social.

3. Die Überwindung der Gegenwart – der contrat social

3.1.   Der Zweck des Vertrages und die Erweiterung des kontraktualistischen Ansatzes

„Der Mensch ist frei geboren und überall liegt er in Ketten" (Rousseau 1991: 5). Der erste Satz im ersten Kapitel des Gesellschaftsvertrages fasst knapp, aber treffend die Zivilisationskritik, die Rousseau zuvor in den beiden Abhandlungen „Über die Wissenschaften und Künste" 1750 und „Über den Ursprung und die Grundlagen der Ungleichheit unter den Menschen" 1755 getroffen hatte, zusammen. Bereits in diesen beiden Abhandlungen wird klar, dass – wie oben dargestellt – die Freiheit des Menschen ein zentraler Begriff des Rousseauschen Menschenbildes ist (Vgl. Edmüller 2002: 365). Sein 1762 erschienenes Werk „Vom Gesellschaftsvertrag oder Prinzipien des Staatsrechtes" wendet sich nun von der Kritik an der Gesellschaft zum Lösungsansatz, zu einer Konzeption, die Freiheit auch in einer bürgerlichen Gesellschaft gewährleisten soll: *„Ich will untersuchen, ob es in der bürgerlichen Ordnung irgendeine rechtmäßige und sichere Regel für das Regieren geben kann"* (Rousseau 1991: 5).

Er greift dazu zunächst begrifflich auf Hobbes und Locke zurück, indem der Naturzustand durch einen Vertrag überwunden wird. Dabei gehen alle einen gemeinsamen Vertrag miteinander ein, wobei dieser die rechtliche Zusicherung auf Unversehrtheit garantiert. Dies ist nötig, weil es im Naturzustand keine Garantie dafür gibt, dass *„während er* [der Mensch] *das Gesetz* [gemeint ist das Naturgesetzt] *anderen gegenüber aufs genaueste einhält, sämtliche anderen es ihm Gegenüber einhalten"* (Rousseau zit. n. Fetscher 1969: 92). Allerdings ist der contrat social kein Vertrag im Hobbesschen Sinne, der in der Vergangenheit geschlossen wurde und die Gegenwart legitimiert, sondern er ist ein Vertrag der Zukunft (Vgl. Sturma 2001: 139), das heißt, dass Rousseau seinen Vertragsbegriff differenziert darlegt und ihn nicht zu einem Konstrukt der Vergangenheit macht, sondern zum Maß für eine bessere, vom Wesen des Menschen legitimierte Gesellschaft (Vgl. Edmüller 2002: 368).

Rousseau unterscheidet dabei zwischen einem Vertrag, der durch Entstehung und Anspruch auf Privateigentum in Abhängigkeit führt – einen solchen Vertragsbegriff unterstellt er Hobbes und Locke (Vgl. Forschner 1991: 90) – und einem Vertragsbegriff, der gleichfalls den Nutzen der Unversehrtheit aufweist aber die Konstitution der klassischen Polis als vormoderne politische Gemeinschaft aufgreift: *„Da das Wesen der Polis und das Ziel des Menschseins unlösbar verbunden waren, blieb der Staat dem Individuum nicht äußerlich"* (ebd.: 94); soll heißen, dass die politische Gemeinschaft der Polis[1] durch die Vorstellungen von Gut und Schlecht, Recht und Unrecht, sowie einem gemeinsamen Lebenszieles verbunden war. Diese von Rousseau unterstellte Homogenität der Polisgemeinschaft und die gleichzeitige Abwesenheit von Privateigentum sucht er auf den contrat social zu projizieren: *„Dieser Akt des Zusammenschlusses* [der contrat social] *schafft augenblicklich anstelle der Einzelpersonen jedes Vertragspartners eine sittliche Gesamtkörperschaft, die aus ebenso vielen Gliedern besteht, wie die Versammlung Stimmen hat [...]. Diese öffentliche Person, trug früher den Namen Polis, heute trägt sie den der Republik..."* (Rousseau zit. n. Braun: 2008: 237)

Mit dem Zusammenschluss entsteht nicht nur eine Gesamtkörperschaft, sondern es kommt auch zu einer totalen Entäußerung *„der Güter, Personen, des Lebens und der ganzen Kraft"* (Rousseau zit. n. Forschner 1977: 116) des Einzelnen an die Gemeinschaft.

Gleichwohl stellt sich für Rousseau die Frage, welche Größe in einer solchen Gemeinschaft Macht von Menschen über Menschen legitimieren kann[2]: Welche Art der Entscheidungsfindung kann als Apologie für verbindliche Gesetze, Normen, Rechte und Pflichten in der Gesellschaft dienen?

Legitim kann nach Rousseau nur sein, was der Natur des Menschen, der Freiheit, entspricht. Diese ist nur so lange gewährt, wie keine Ungleichheit bzw. eine daraus resultierende Abhängigkeit herrscht. Daher wird die natürliche Gleichheit auch in den Vertrag übernommen und in eine gesellschaftliche Gleichheit überführt. Somit sind Freiheit und Gleichheit gesichert (Vgl. Braun 2008: 238). Diese gesellschaftliche Gleichheit ist neben dem freiwilligen Zusammenschluss grundlegend, da sie Bedingung für die Entscheidungsprozesse der politischen Gemeinschaft ist; denn ohne die Gleichheit, kann ein Gemeinwille, der das Wohl aller repräsentiert, nicht existieren. Mit dieser Bedingung erweitert Rousseau den kontraktualistischen Ansatz Hobbes' und Lockes um die Idee des Gemeinwillens. Offen bleibt, was der Gemeinwille ist.

3.2.   Die volonté générale – Wille oder Norm?

„Ich wäre gern in einem Land geboren, in dem der Herrscher und das Volk ein und dasselbe Interesse haben könnten, damit alle Bewegungen der Staatsmaschinerie nur einzig und allein

---

[1] Rousseau unterscheidet die Stadt als Ort und die Polis als politische Gemeinschaft dieses Ortes (Vgl. Braun 2008: 237)
[2] zumal sich vorerst die Idealisierung von Freiheit im Naturzustand und dann das Absprechen jener an die Gemeinschaft widersprechen zu scheinen.

nach dem Allgemeinwohl streben" (Rousseau 1993: 49). Rousseau entwickelt mit dem *contrat social* die Vorstellung eines Zusammenschlusses, der alle Mitglieder zu einer sittlichen Gesamtkörperschaft vereint (le *corps moral et le collectiv).*

Gleichwohl spricht er davon, dass dieses Volk ein und dasselbe Interesse hätte. Den Konflikt, der bei einem Zusammenschluss zu einer Körperschaft durch Interessensgegensetze entstehen würde, überwindet Rousseau mit der Unterscheidung von *volonté générale,* dem allgemeinen Willen, *volonté particulière,* dem Willen einzelner und der *volonté de tous,* dem Willen aller einzelnen. Dabei bezieht sich im logischen Sinne die *volonté générale* auf das Ziel, während die *volonté particulière* auf die Mittel zur Erreichung des Ziels abhebt. Gleichsam lässt sich das eine vom anderen darin unterscheiden, dass die *volonté générale* das allgemeine Wohl intendiert und die *volonté particulière* nur Teilinteressen beinhalten kann (Vgl. Fetscher 1960: 111f).

Ableitend aus dem Einzelwillen spricht Rousseau auch von der *volonté de tous,* dem Willen aller einzelnen. Sie ist unauflöslich mit der *volonté générale* verbunden, aber nicht identisch: *„Zwar kann die volonté générale nur durch die volonté de tous realisiert werden, da eben nur demokratische Selbstherrschaft legitime Herrschaft ist. Jedoch ist die volonté de tous kein Garant der volonté générale. Was alle wollen ist nicht notwendigerweise identisch mit dem, was die Allgemeinheit will"* (Kersting 2002: 122). Hierin klingt das utopische Moment der Theorie an: Die *volonté générale* schwebt als Gemeinwohl über den Menschen und ist nicht zwangsläufig die Addition der Einzelwillen: *„The genaral will is the will of the whole communitiy when applied to the comuinity as a whole."*(Melzer 1990: 154). Man kann die *volonté générale* als Kollektivum der *volonté de tous* als Distributivum gegenüberstellen, wobei der Gemeinwille die *„Resultante der Einzelwillen"* (Forschner 1977: 118) darstellt; soll heißen, nicht das Interesse der Mehrheit ist, sondern eine allgemeine Verbindlichkeit zum Erhalt des Wohls aller.

Dieses Wesensmerkmal, der verbindliche Mehrwert des Gemeinwillens gegenüber dem Gesamtwillen, wirft die Frage auf, ob die *volonté générale* überhaupt als Wille verstanden werden kann. Betrachtet man Wille als etwas, was gewollt werden muss, gleichviel ob von einer oder mehreren Personen, dann ist die *volonté générale* kein Wille sondern eine gesellschaftliche Wertinstanz, eine Norm (Vgl. Imboden 1963: 11). Rousseau mystifiziert den Willen jedoch in sofern, dass er den Gemeinwillen als eine feste Größe, als Gemeinwohl a priori, definiert, welcher nur durch die Gemeinschaft ermittelt werden kann. Der Gemeinwille ist also Norm und zugleich aus zweckrationaler Perspektive ein Wille. Da der Gemeinwille gleichsam das Gemeinwohl abbildet, kann dieses auch nur jenes sein, was von allen gewollt wird.

Durch die kollektive Umsetzung dieses allgemeinen Willens wird das Volk – ganz im Gegensatz zu Hobbes Leviathan – selbst zum Souverän (Vgl. Melzer 1990: 151f). Diese Souveränität ist nach Rousseau unveräußerlich, kann also nicht an einen oder mehrere Repräsentanten übergeben werden; sie ist unteilbar, unfehlbar und sie ist absolut (Vgl. Kersting 2002: 80ff). Für Rousseau ist der Gemeinwille die einzig legitime Instanz, die in der Lage ist das Gemeinwohl zu artikulieren. Parteien oder Interessenverbände, welche in pluralistischen Gesellschaftsmodellen tragendes Element sind, kann es somit in der Rousseauschen Demokratie nicht geben (Vgl. Braun 2008: 243). Auch die repräsentative Demokratie schließt das interdictum der Veräußerlichung der Volksouveränität aus. Gleiches gilt für die Gewaltenteilung und die Unteilbarkeit der Volkssouveränität. Spricht Rousseau dann von Legislative und Exekutive, so ist letztere aus Effizienzgründen zwar personell von der gesetzgebenden Gewalt getrennt, jedoch setzt sie gebunden an den Gemeinwillen deren Gesetze lediglich durch. Die Legislative ist also oberste und den Einzelwillen überwindende Gewalt (Vgl. ebd.: 245)

Überwunden wird der Einzelwille durch Zwang: „Wer dem Gemeinwillen den Gehorsam verweigert, muss durch den ganzen Körper dazu gezwungen werden. Das heißt nichts anderes, als das man ihn zwingt, frei zu sein" (Rousseau zit. n. Kersting 2002: 91). Letztlich hat diese Zwangsdurchsetzung immer wieder dazu geführt, dass Rousseaus Theorie Paternalismus vorgeworfen wurde; er nicht nur als Urheber der Demokratie gehandelt wird, sondern auch als der Gedankenvater totalitärer Weltanschauungen.

4. Rousseaus Philosophie als Wegbereiter für den Totalitarismus?

4.1. Rousseau als Antagonist des Pluralismus – Ernst Fraenkels Kritik

Isaiah Berlin zitiert in seinem berühmten Aufsatz „Two Concepts of Liberty." Heirich Heine mit einer Warnung „*The German poet Heine warned the French not to underestimate the power of ideas [...] He [...] described the works of Rousseau as the blood-stained weapon which, in the hands of Robespierre, had destroyed the old regime*" (Berlin 1958: 1)

Ebenso sieht Hans Vorländer Rousseau als den *"Paten der Revolution"*, welche sich ab 1792 in Paris zunehmend unter den Jakobinern[3] radikalisierte (Vorländer 2003: 72). Daneben lassen sich viele einflussreiche Theoretiker nennen[4], die im Autor des *contrat social* den Wegbereiter totalitärer Theorien und Staatsformen sehen.

Ernst Fraenkels Aufsatz „ Der Pluralismus als Strukturelement der freiheitlich-rechts-staatlichen Demokratie" zielt mit dem gleichen Vorwurf auf Rousseau, erweitert ihn jedoch darum, dass bis heute die volonté générale im Bewusstsein der Deutschen so nachwirkt, dass sie als Element der Demokratie verankert ist, somit dem Pluralismus, welcher reales Element westlicher Demokratien ist, gegenüber steht. Er spricht von einer „*Kluft, die sich zwischen Verfassungsideologie und Verfassungssoziologie aufgetan hat*" (Fraenkel 1964: 162). Dieser Widerspruch, die gleichzeitige Ablehnung des Pluralismus', wie auch des Totalitarismus' treibt Fraenkel in seiner Analyse voran. Er unterscheidet dabei zwischen Theorien, die das Gemeinwohl a priori vorgeben und solchen, die es a posteriori ermitteln. Dabei weist er ers-teres totalitären Theorien zu, zu denen er diejenige Carl Schmitts zählt (Vgl. ebd.: 165) und a posteriori bildet er auf pluralistische Vorstellungen ab.

Den deutschen Idealismus des 19 Jahrhunderts versteht Faenkel dabei als Bindeglied zwisschen Rousseau und Schmitt (Vgl. ebd.: 179). Auch hier findet man Heines Grundinten-tionen wieder: *"Heine [...] prophesied that the romantic faith of Fichte and Schelling would one day be turned, with terrible effect, by their fanatical German followers, against the liberal culture of the West"* (Berlin 1958: 1).

So heißt es bei Fraenkel: „*Der Apostel des Anti-Pluralismus ist Jean Jacques Rousseau*" und „*Carl Schmitts Demokratielehre ist ohne die Kenntnis des Contrat Social nicht voll verständ-lich. Sein Anti-Pluralismus ist echter Jean Jacques Rousseau.*" (Fraenkel 1964.: 166f). Er geht dabei so weit, dass Schmitt aus dem Zwang, der nach Rousseau zur Schaffung der *volonté générale* ausgeübt wird, eine *"Vernichtung des Heterogenen"* ableitet (ebd. 170, 172). Diese

---

[3] Robespierre traf bereits als junger Mann Rousseau, rezipierte und verehrte diesen.
[4] U.a. Bertrand Russell, Wolfgang Kersting, Richard Bellamy oder Martin Hollis (Vgl. Edmüller 2002: 366)

Radikalität begründet Fraenkel damit, dass Schmitt im Gegensatz zu Rousseau die Homogenität auf einem großen Raum für realisierbar hält. Die Grenzen dieses Raumes umreißt Schmitt mit dem Lebensraum einer Artengemeinschaft, die ihre Homogenität durch Eliminierung bzw. physische Vernichtung der heterogen qualifizierten Gruppen erreicht (Vgl. ebd.: 172). Damit zieht Fraenkel über Fichte, Schelling und Schmitt einen direkten Interpretationsfaden von der Durchsetzung der *volonté générale* im Rousseauschen Sinne zur Vernichtung der Juden, auch wenn er den Nationalsozialismus nicht direkt begrifflich lanciert.

Gleichwohl zieht er diesen Faden nicht nur in die Moderne, sondern auch zurück in die Klassische Zeit der Antike. Dafür zeigt er Rousseaus Begeisterung für Sparta auf (Vgl. ebd.: 76) und stellt dieses zugleich als den Prototyp des totalitären Staates und des anti-pluralistischen Systems dar. Dabei verweist er auf das entprivatisierte Leben der Spartiaten, die Kriegskultur jener und die brutale Unterdrückung der Heloten durch die Spartaner (Vgl. ebd.: 177f).

Wieder macht Fraenkel einen Zeitsprung und wirft, wie die oben Genannten, Rousseau die theoretische Patenschaft des Terrors während der Jakobiner-Diktatur vor. Darüber hinaus schlussfolgert er, dass es die demokratische Entwicklung in Europa hemmte, da es mehr als ein Jahrhundert brauchte, bis sich die Vorstellungen von Demokratie und Terror wieder zu zwei verschiedenen Begriffen im kontinental-europäischen Bewusstsein entwickeln konnten (Vgl. ebd. 178f) Ernst Fraenkel kritisiert Rousseau nicht dahingehend, dass er einen Führerstaat oder Totalitarismus postulierte (Vgl. ebd.: 174), jedoch wirft er ihm vor, mit seiner Theorie, die nicht klärt, woher sich konkret der Inhalt der *volonté générale* ableiten lässt, Demokratie mit dem Gemeinwohl a priori zu verbinden (Vgl. ebd: 181). Die Grundintention der Kritik ist demnach die, der Schaffung eines theoretischen Nährbodens für Herrschaftsansprüche, welche ihre Legitimation aus der Kenntnis des Gemeinwohles ableiten und sich dabei gleichsam als Demokratie anpreisen können[5]. Aus dieser Auffassung zieht Fraenkel den Schluss, dass nur der pluralistische Ansatz eine Demokratie schaffen kann, in der Freiheit und Unversehrtheit garantiert werden können.

4.2. Eine Gegenrede zu Fraenkel – die Rousseausche Gerechtigkeitskonzeption

Ernst Fraenkels Kritik an Rousseau ist zwar stringent und kohärent, jedoch reflektiert sie einseitig und nur rekursiv. Er bildet die Qualität der Aussagen Rousseaus aus den Folgen deren

---

[5] Fraenkel nennt diese Theorien „vulgärdemokratisch" (1964: 167)

Missbrauchs und dem exemplarischen Bezugsrahmen, auf den Rousseau zurückgreift, ab, ohne dabei die Schriften selber zu rezipieren. Andreas Edmüller hingegen macht genau dies, um die *„freiheitsskeptische Interpretation"* zu entkräften und Rousseaus Theorie zugleich der *„vertragstheorethischen Tradition zuzuordnen"* (Edmüller 2002: 367). Er führt dabei einerseits an, dass Rousseau selbst den contrat social als Idealbild darstelle und zugleich sich bewusst wäre, dass es keine überzeitliche Norm für einen solchen Staat geben kann (Vgl. ebd.: 367). Damit versucht er den Absolutheitsanspruch, den u.a. Fraenkel Rousseau vorwirft, zu neutralisieren.

Andererseits befasst sich Edmüller mit dem Bedingungsfeld der *volonté générale*, welches Rousseau ihr selber gegeben hat und welches, so Edmüller, keine Interpretation zulässt, aus der sich totalitäre Ansätze ableiten ließen: *„Drei Fragen sind es, die beantwortet werden müssen, um den Begriff des Gemeinwillens zu verstehen. Erstens, auf was richtet sich der Gemeinwille? Zweitens, wie wird der Gemeinwille ermittelt? Drittens, was ist das Ergebnis?"* (ebd.: 381)

Lässt sich die erste und zweite Frage konsensfähig mit Fraenkels Vorstellungen beantworten, nämlich, dass der Vertrag auf den kooperativen Zweck abziele und dass das Ergebnis des Gemeinwillens Gesetze seien, beantwortet Edmüller mit der zweiten Frage das, was laut Freankel bei Rousseau ungeklärt bleibt. Die Antwort Edmüllers scheint sich dabei an John Rawls Konzeption der Gerechtigkeit und deren Entscheidungsstatus im Urzustand anzulehnen (Vgl. Rawls 1995: 271): *„Rousseau fordert konkret, dass die Bürger bei ihrer Mitwirkung am Entscheidungsverfahren [...] nur ganz bestimmte Daten heranziehen dürfen. In metaphorischer aber moderner Terminologie stellt er sich hinter einen ‚Schleier des Nichtwissens'"*(Edmüller 2002: 383). Berücksichtigt man diese „Bedingung der Getrenntheit"(ebd), sichert sie den Mehrwert der *volonté générale* gegenüber der *volonté de tous* und zeigt zugleich eine Möglichkeit zur Findung ersterer auf.

Edmüller blendet dabei jedoch genau jenes aus, was Kern der Kritik Fraenkels ist, die post-Rousseausche Interpretation und Rousseaus antiker Bezugsrahmen. Dies versucht er durch die Unterteilung des *contrat social* in zwei Argumentationsebenen, eine pragmatische und eine legitimationstheoretische (Vgl. ebd.: 367). Eine solche Unterscheidung sollte jedoch in Frage gestellt werden, da eine Herauslösung und damit Vernachlässigung pragmatischer Zusammenhänge eben genau jene Argumente ausblenden, die später von totalitären Ansätzen aufgegriffen wurden. Edmüller entkräftet zwar mit Rousseaus eigenen Aussagen einen Absolutheitsanspruch und eine Realisierbarkeit des *contrat social* (Vgl. ebd : 387). Jedoch unterstellt er damit Rousseau unbewusst utopische Tendenzen und auch wenn er den Zweck des *contrat social* als theoretisches Beurteilungskriterium für die Legitimität politischer Strukturen sieht (Vgl. ebd. 385), bleibt er weitgehend die Antwort schuldig, welche Intention eine solche reine Modellvorstellung hätte.

Letztlich lässt sich festhalten, dass es für beide Auslegungen, die Fraenkels und Edmüllers, Belege finden lassen, keine jedoch konsequent Wirkung und Rezeption vereinen zu vermag.

5. Die Ambivalenz im Werk Rousseaus - eine Schlussbetrachtung

Wie lässt sich nun die Aussage nachvollziehen, dass man in Rousseaus Werk sowohl kontrak-tualistische als auch utopische Ansätze nachweisen kann und was bedeutet das für die zu-künftige Rezeption und Interpretation seiner Werke?

Die Antwort lässt sich zum einen im historischen Kontext und zum anderen in Rousseaus Selbstbild finden. Rousseau selbst wurde seit jeher durch den zeitgenössischen Antagonismus zwischen Natur und Zivilisation voran getrieben. Diesen Gegensatz sucht er zu überwinden, indem er Gleichheit und Freiheit einer Gemeinschaft zu einer politischen Struktur assoziiert. Dabei erschuf er eine Bedingungsvielfalt, an die ein Konzept der Überwindung gebunden wurde, das in seiner Ausfertigung, ähnlich dem Naturzustand, als Konstrukt dastand. Rous-seau selbst mochte es als Idealbild und Maßstab zur Bewertung der Legitimität sehen.

Unumstößlich bleibt aber das Argument Fraenkels, dass Rousseau monistisch dachte und ein Feind des Interessenpluralismus war. Dies impliziert jedoch nicht, dass Rousseau als Vor-denker des Totalitarismus einzuordnen ist; denn seine Grundintention, die Unfreiheit zu ü-berwinden und alle in Gleichheit und Freiheit zu vereinen, stehen zweifellos im Kontrast zu totalitären Weltbildern. Nicht zuletzt die Kleinräumigkeit unterscheidet Rousseaus Staat von den totalitären Regimen des vergangenen Jahrhunderts. Iring Fetscher stellt daher richtig fest: *„Rousseau war gewiss nicht totalitär, aber mindestens ebensowenig liberal"* (zit. n. Waschkuhn 1998: 222). Die Gegensätze bei Rousseau lassen sich also nicht auflösen und sind als historisch bedingtes Ganzes zu sehen. Neben den historischen Voraussetzungen ist Rous-seaus Persönlichkeit selbst aufzuführen. Er selbst behauptete, dass er sich lieber in einer Welt der Phantasiewesen aufhalte als in der zeitgenössischen Gesellschaft (Vgl. Barth 1959: 17). Ebenfalls zweifelte er immer wieder an der Umsetzbarkeit seines *contrat social*: *„His chastened conclusion is not that democratic politics are possible, only that they are necessary if human beings are to recover the freedom for which they seem to have been born."* (Cullen 2007: 209). Zugleich jedoch wehrte er sich bereits zu Lebzeiten gegen die Unterstellung aus Voltaires Umkreis, dass der *contrat social* eine Utopie sei (*Heyer/Saage* 2005: 394).

Rousseau versuchte mit seiner Alternative zum einen auf bekannte Ansätze Bezug zu nehmen, sie jedoch zum anderen insofern zu erweitern, als er sie als Produkt der verfehlten Gesellschaft ansah. Die Erweiterung entsprang dabei aus konstruierten Idealen und konnte so Vorlage für den Utopismusvorwurf werden.

Damit lassen sich der Dualismus und die Kritik erklären, welche Rousseau immer wieder zum Bezugspunkt gemacht hat und immer noch macht – sei es in An- oder Ablehnung, *„nie-*

mals aber in Indifferenz" (Imboden 1963: 5). Akzeptiert man diesen Gegensatz oder Dualismus als genuin, dann lässt sich jedwede Theorie, welche sich nur einer der beiden Rousseauschen Dimensionen bedient, entkräften. Wer also meint, eine totalitäre These mit Rousseau belegen zu können, der irrt gleichsam mit jenem, der meint, ihn als den Vater der Moderne postulieren zu können. Wann auch immer Rousseau für eine Aussage herangezogen wird, sollte folglich hinterfragt werden, ob in dem vorliegenden Fall nicht lediglich eine Ebene des Rousseauschen Werkes betrachtet wurde: *„Wir werden uns daran halten müssen, daß das Bild des Contrat Social und die Vorstellung der Volonté Générale letztlich nebeneinander stehen; beide zugleich bilden die Axiome der Staatslehre Rousseaus. Kein Pol läßt sich unterdrücken und keiner lässt sich dem anderen unterordnen."* (Impoden 1963: 12).

6. Literatur

Monografien:

Braun, Eberhard/ Heine, Felix/ Opolka, Uwe, 2008: Politische Philosophie. Ein Lesebuch. Hamburg

Engel, Steven T., 2005: Rousseau and Imagined Communities, in: The Review of Politics, Vol. 67 Issue 3, S. 515-537.

Fetscher, Iring, 1960: Rousseaus politische Philosophie. Zur Geschichte des demokratischen Freiheitsbegriffs. Neuwied.

Forschner, Maximilian, 1977: Rousseau. München.

Klemperer, Victo, 2004: LTI. Notizbuch eines Philologen.   Leipzig

Kersting, Wolfgang, 2002: Jean-Jacques Rousseaus "Gesellschafts-Vertrag". Darmstadt

Melzer, Arthur M., 1990: The Natural Goodness of Man. On the System of Rousseau`s Thought. Chicago.

Nitschke, Peter, 2000: Einführung in die politische Theorie der Prämoderne 1500-1800. Darmstadt.

Sturma, Dieter, 2001: Jean-Jacques Rousseau. München.

Vorländer, Hans, 2003: Demokratie. Geschichte – Formen- Theorien. München

Waschkuhn, Arno, 1998: Demokratietheorien. Politiktheoretische und ideengeschichtliche Grundzüge. München

Aufsätze aus Sammelbänden und dem Internet:

Berlin, Isaiah, 1958: Two concepts of liberty, in: http://www.nyu.edu/projects/nissenbaum/papers/twoconcepts.pdf; 12.03.2010.

Fraenkel, Ernst, 1964: Der Pluralismus als Strukturelement der freiheitlich-rechtsstaatlichen Demokratie, in: Nuscheler, Franz/Steffani, Winfried (Hrsg.), Pluralismus. Konzeptionen und Kontroversen. München, 1972, S. 158-182.

Aufsätze in Fachzeitschriften:

Barth, Hans, 1959: Über die Idee der Selbstentfremdung des Menschen bei Rousseau, in: Zeitschrift für philosophische Forschung, Heft 13, 1959, S. 16-35.

Cullen, Daniel, 2007: On Rousseau's Democratic Realism, in: Perspectives on Political Science 36, Heft 4, 2007, S. 207-209

Edmüller, Andreas, 2002: Rousseaus politische Gerechtigkeitskonzeption, in: Zeitschrift für politische Forschung, Heft 3, 2002, S. 365-387.

Heyer, Andreas/ Saage, Richard, 2005: Rousseaus Stellung zum utopischen Diskurs der Neuzeit, in: Politische Vierteljahresschrift. Zeitschrift der Deutschen Vereinigung für Politische Wissenschaft, Heft 3, 2005, S. 389-405.

Imboden, Max, 1963: Rousseau und die Demokratie, in: Recht und Staat in Geschichte und Gegenwart, Heft 267, S. 5-26.

Primärquellen:

Rawls, John, 1994: Die Idee des politischen Liberalismus.Nördlingen

Rousseau, Jean-Jacques, 1991: Vom Gesellschaftsvertrag oder die Grundsätze des Staatsrechts. Brockard, Hans (Hrsg.), Stuttgart.

Rousseau, Jean-Jacques, 1993: Jean-Jacques Rousseau. Preisschriften und Erziehungsplan. *Röhrs, Hermann* (Hrsg.), Bad Heilbrunn